AF297651

ACCORD

DU

GOUVERNEMENT FRANÇAIS

AVEC L'ÉVANGILE.

ACCORD

DU

GOUVERNEMENT FRANÇAIS

AVEC L'ÉVANGILE,

POUR FAIRE SUITE

A L'ÉTENDUE DU POUVOIR SOUVERAIN;

Par A.-J. GUYOT,

ANCIEN CURÉ DE LA VILLE MÉTROPOLITAINE DE CAMBRAI.

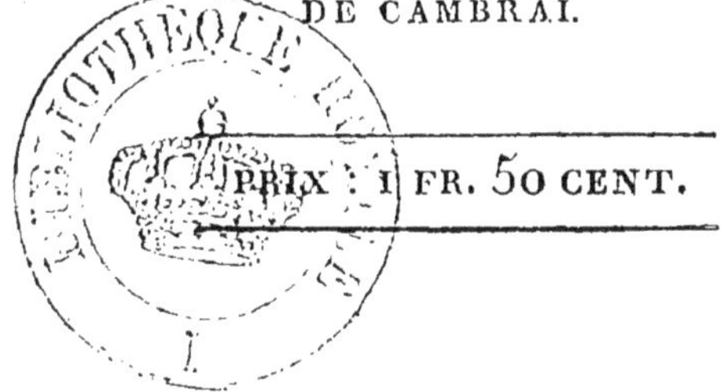

PRIX : 1 FR. 50 CENT.

A PARIS,

Chez

L'AUTEUR, rue Neuve-Saint-Étienne, n.° 6, à l'ancien couvent de la Congrégation ;

DEBRAY, Libraire, rue Saint-Honoré, n.° 168, en face celle du Coq ;

BRUNOT-LABBE, Libraire de l'Université Impériale, quai des Augustins, au coin de la rue Pavée ;

DELAUNAY, Libraire, galerie de bois du Palais-Royal, n.° 243.

1811.

TABLE.

ACCORD

DU

GOUVERNEMENT FRANÇAIS

AVEC L'ÉVANGILE,

POUR FAIRE SUITE

A L'ÉTENDUE DU POUVOIR SOUVERAIN.

D'après la conduite de notre Saint Père le Pape envers le Gouvernement Français, il pourroit venir dans l'idée de quelques fidèles peu éclairés, qu'il s'est élevé quelque grande dissension entre la puissance spirituelle et la puissance temporelle : il est important de détruire cette erreur. Dans ce dessein, je vais m'attacher à montrer que, sur tous les points, le Gouvernement Français est d'accord avec l'Évangile. Il y a sans doute plusieurs objets à régler entre les deux puissances. Ces objets ne touchent qu'à la discipline extérieure de l'Église, et n'appartiennent ni au dogme, ni à la morale. Cet écrit comprendra une partie des questions qui tiennent à ce sujet. Je le divise en quatre chapitres, savoir : Accord avec les Mystères ; Accord avec les Sacremens; Accord avec la Morale; Accord avec la Discipline.

Avant tout, il y a une justice à rendre au héros chrétien qui gouverne l'Empire; c'est qu'en affermissant la religion chrétienne qui est la religion de ses pères, il est constant avec lui-même, avec toutes les promesses et tous les actes de sa glorieuse carrière. Il entroit à peine en Italie, qu'il promettoit aux peuples de conserver la religion, et qu'il menaçoit les prêtres turbulens de les réprimer, s'ils ne se conformoient pas aux maximes de l'Évangile. Il écrivoit, en janvier 1797, au cardinal Mathei : « Sa Sainteté, en sa qualité de premier » ministre de la religion, trouvera, à ce titre, » protection pour lui et pour l'Église.

» Mon soin particulier sera de ne pas souffrir » qu'on apporte aucun changement à la religion » de nos pères ».

Après la bataille de Marengo, il s'empressa de se rendre à la métropole de Milan, pour y assister au *Te Deum* d'actions de grâces. C'est là qu'il écrivit cette lettre mémorable que toute l'Europe a lue en 1800, et dans laquelle on remarque l'expression suivante : *Dites aux athées de Paris, que Bonaparte assiste au Te Deum dans l'église métropolitaine de Milan, et qu'il y remercie Dieu de la victoire éclatante qu'il vient de remporter.*

On a aussi lu partout dans le même temps, la lettre pleine de sentimens religieux qu'il écrivit aux curés de Milan, où il rend hommage à la grandeur et à la dignité de la religion de Jésus-Christ. On y remarque, en particulier, cette phrase : *La religion catholique est la seule qui donne à l'homme des lumières certaines et infaillibles sur son principe et sa fin dernière.*

Arrivé au premier consulat, il ne rend point la religion catholique *dominante*, parce qu'il a la justice de laisser arriver aux places, par respect pour les tálens, et pour le bonheur de la nation, des hommes de toute croyance; néanmoins, par une préférence sage, il déclare qu'elle est la religion du Gouvernement : c'est dans les temples catholiques que le Gouvernement Français tient ses assemblées religieuses; et il a fait en termes exprès profession particulière de cette religion, dans l'œuvre du Concordat avec le chef de l'Église.

Aucun siècle n'oubliera que c'est lui qui a relevé les autels, dont les fureurs révolutionnaires avoient renversé les pierres sacrées.

Enfin, quand l'Empereur, pour le bonheur des

Papes eux-mêmes, a réuni Rome et ses dépendances à l'Empire Français, quelle édifiante profession de foi n'a-t-il pas faite dans cette conjoncture? Il proteste dans les termes les plus formels, et les plus chrétiens, de révérer toujours le siége épiscopal de Rome, comme le centre de l'unité catholique.

Dans sa lettre du 13 juillet 1809, aux évêques de France, il dit : « Nous écouterons la voix des » ministres de la religion dans tout ce qui a rap- » port au spirituel et au règlement des con- » sciences ».

Dans sa réponse à la députation de Rome, du 16 novembre 1809 : « Je n'entends pas qu'il » soit porté aucun changement à la religion de » nos pères ; fils aîné de l'Église, je ne veux point » sortir de son sein ».

Ses diverses réponses aux différentes députations d'Italie et d'autres contrées, ont démontré de même son invariable respect pour l'Église, et la protection signalée qu'il assure au clergé dans toutes les circonstances.

Le décret de Napoléon par lequel il reconnoît le siége épiscopal de Rome comme *centre de l'union catholique,* ne doit et ne peut s'entendre que *conditionnellement,* c'est-à-dire, en tant et aussi long-temps que le siége épiscopal de Rome

sera celui du successeur de Saint Pierre. Le siége du successeur de Saint Pierre peut changer : Saint Pierre lui-même étoit demeuré sans siége pendant cinq ans ; il eut celui d'Antioche pendant sept ans, celui de Rome pendant vingt-cinq. Le choix du Saint-Siége est une chose humaine, comme l'a reconnu le cardinal Bellarmin (*Lib. 2 de Rom. potest. c.* 12.) Benoît XIV avoue de même (*de Synodo diœc. lib.* 11. *cap.* 1.) « Que la monar-
» chie de l'Église n'est attachée au siége de Rome
» que de droit humain ».

Après avoir, en peu de mots, mis en évidence l'attachement du monarque à la religion catholique, dont ses aïeux lui ont transmis la divine croyance, j'ai déjà prouvé en quelque sorte l'accord du Gouvernement dont il est le chef, avec les dogmes et les vérités de l'Évangile : je commence par l'article des Mystères.

CHAPITRE PREMIER.

Accord avec les Mystères.

Tous les Mystères évangéliques sont contenus dans le précis de la religion, que l'on appelle le *Credo*. Aucune des vérités saintes (voilées à nos yeux pour le court espace seulement de la vie présente) n'est contestée par le Gouvernement Français. Il les admet, il les révère et les fait révérer, en faisant reconstruire les autels, et en invitant les pères et mères à graver dans la mémoire de leurs enfans le Symbole des Apôtres, qui leur apprend à craindre Dieu, et à respecter, par la crainte qu'ils en conçoivent, les lois de la patrie.

Je dis encore, que le Gouvernement Français montre son union avec le chef de l'Église par une profession de foi plus expresse que celle du Symbole des Apôtres qu'on récite dans les familles; plus expresse que le Symbole de Constantinople, que l'on chante au milieu des cérémonies liturgiques du sacrifice de la messe; plus expresse même encore que le fameux Symbole du grand Athanase, que l'on récite dans l'office divin, et qui dans son style élevé est bien plus détaillé que le *Credo* : je veux parler du Symbole Ambroisien (le *Te deum*), hymne si éminemment saint, que tous les chants et toutes les symphonies de l'univers chrétien n'ont cessé, depuis quatorze siècles, de l'animer à l'envi de leurs chants les plus mélodieux : il me suffira d'en produire ici un exemple le plus rapproché de nous, comme plus analogue à mon objet.

Aussitôt après que les monts Krapacks eurent retenti du bruit des tonnerres victorieux du Héros Français à la plaine de Wagram, Napoléon ne borna pas sa reconnoissance envers le Dieu des armées, à faire éclater ses religieux accens dans la cité de Znaïm; il ordonna de chanter dans tous les temples de l'Empire l'hymne séraphique (*Te Deum*), qui présente le tableau animé de tous les mystères de la foi, dont deux sont éternels : l'Existence de Dieu et la Trinité sainte; les sept autres ont commencé dans la plénitude des temps, après quarante siècles écoulés : 1.° l'Incarnation du fils de Dieu dans le sein d'une Vierge; 2°. l'OEuvre de la Rédemption opérée au prix de son sang; 3°. sa Mort sur une croix infâme; 4°. sa Résurrection glorieuse; 5°. son Ascension dans le ciel à la droite du Père; 6°. sa présence rendue invisiblement réelle par la transsubstantiation dans l'Eucharistie pour la nourriture et la communion des fidèles; 7°. son futur avénement au Jugement universel.

Dieu tout puissant! Père Éternel! être créateur et conservateur! tout l'univers te rend hommage; nous t'adorons : *Te Deum laudamus : te æternum Patrem omnis terra veneratur.* Dieu de bonté, maître du monde, nous reconnoissons ta providence, *Te Dominum confitemur.*

Cette magnifique profession de foi, vivifiée par des élans sublimes, se publie avec pompe, en présence des Chérubins, des Séraphins et de tous les chœurs des Anges : *Tibi Cherubim et Seraphim incessabili voce proclamant.* Les Prophètes y sont appelés, les Apôtres invoqués : *te gloriosus Apostolorum chorus;* devant cette milice céleste, nos drapeaux vainqueurs s'inclinent; nos valeureux guerriers font offrande du sang glorieux de leurs braves frères d'armes, morts sur le champ de l'honneur; les martyrs de la patrie sont associés aux martyrs de la foi : *te Martyrum candidatus laudat exercitus.* Tous les grands de la Cour du plus brillant empire sont rassemblés dans la basilique, métropole de la capitale, humblement prosternés aux pieds des saints Tabernacles du Roi des Rois; leurs chants pieux se confondent avec la mélodie angélique dont la voûte sacrée est remplie; l'Église militante répond aux cantiques de l'Église triomphante; les hommes et les anges s'unissent dans le chant du divin *Trisagion :* Saint, Saint, Saint est le Dieu des armées : *Sanctus, Sanctus, Sanctus Dominus Deus sabbaoth.*

Le Roi de gloire, le Fils éternel du Père, Jésus-Christ est également reconnu dans sa divinité : *tu Rex gloriæ Christe, tu Patris sempiternus es Filius.* Et ce Père est d'une majesté qui ne connoît point de bornes; *Patrem immensæ majestatis.*

Ce Fils unique du Père, pour opérer la rédemption du monde, s'est abaissé jusqu'à se revêtir d'une chair mortelle dans le sein d'une Vierge. *Tu ad liberandum suscepturus hominem, non horruisti Virginis uterum.*

Le vainqueur de la mort, revêtu du manteau de Bosra, s'est élevé dans la région des cieux, en présence de tous les Apôtres assemblés sur le mont des Oliviers; il a pénétré l'étendue de l'espace, il est à la droite du Père : *Tu ad dexteram Dei sedes in gloriá Patris.* C'est de cette sublime région de gloire qu'il doit descendre, au dernier des jours, sur la nue, pour juger les humains : *Judex crederis esse venturus.* Mais nous sommes ses enfans; il nous bénit en Père chéri! *Benedic hereditati tuæ.* Il commandera aux portes éternelles, pour nous ouvrir son sein glorieux : *Et extolle illos usque in æternum.* Sa promesse est sacrée ; notre espoir est en lui ; nous ne serons point confondus dans nos espérances : *Non confundar in æternum.* Il y a des royaumes dans les cieux, ils seront la récompense de la foi : *Aperuisti credentibus regna cœlorum !*

Telle est l'éclatante profession de foi du Gouvernement Français ; c'est celle de toute la chrétienté. Sa croyance sur les mystères ne diffère donc en aucun point de celle du chef de l'Église ; voilà par conséquent un premier accord sur lequel il n'y a aucune difficulté entre les deux puissances.

CHAPITRE II.

Accord avec les Sacremens.

LES Sacremens commencent au berceau de l'homme, et se montrent encore à sa couche mortuaire. Les grâces d'un Dieu rédempteur se répandent, par ces sources célestes, sur tous les états de la vie.

Une race impie, dans nos malheureux jours de convulsions politiques, avoit interrompu le cours de ces religieux bienfaits ; un Prince pacificateur en a fait rouvrir les canaux salutaires.

Les cinq premiers Sacremens, le Baptême, la Confirmation, la Pénitence, l'Eucharistie, l'Extrême-Onction, appartiennent à tous les âges et à toutes les conditions ; ils n'ont aucun rapport avec les actes de la société civile. Les deux derniers, l'Ordre et le Mariage, n'appartiennent qu'à deux classes de chrétiens ; le premier, à ceux qui ont le louable désir de perpétuer dans leur personne le sacerdoce de Jésus - Christ, qui n'est point attaché à une tribu par le lien du sang, comme chez les Juifs, ni à une caste particuliere, comme chez les bramines de l'Inde ; le second, le Mariage, appartient à ceux qui remplissent les vues de la Providence en perpétuant les générations. Il est essentiel d'observer ici que ces deux Sacremens, par leur contact nécessaire avec l'ordre social, ont quelquefois troublé la paix entre le Gouvernement et l'Église. Le magistrat, en révérant ce qui est divin dans leur institution, a le droit d'écarter les abus que pourroient y introduire des pratiques purement humaines, et des opinions arbitraires, préjudiciables à l'État.

Par la loi de Jésus-Christ l'union conjugale est devenue la matière d'un Sacrement ; c'est-à-dire que Dieu accorde aux époux les grâces particulières qui sanctifient leur union. Il ne suit pas de là, que le Mariage soit formé par le Sacrement ; le Sacrement, au contraire, suppose l'union, qui, par elle-même, reste dans le ressort de l'état civil, dans tout ce qui n'a rapport qu'à sa légitimité et à son authenticité. Admettre d'autres principes, c'eût été bouleverser l'ordre social ; et jamais le christianisme ne se serait établi, s'il avait annoncé que les Gouvernemens ne pouvaient adopter cette religion sans renoncer à la partie de leur puissance qui règle l'état des personnes, la succession des familles et les lois de l'hérédité, toutes choses qui n'ont aucun rapport au pouvoir spirituel de l'Église. Nulle part, dans l'Évangile, Jésus-Christ n'a détruit aucun contrat. Auroit-il voulu changer la nature de celui qui, aux yeux du ciel et de la terre, étoit le plus sacré? le principal de tous les contrats qui soutiennent la vie civile, celui qui constitue la force de l'État par la population?

Je n'ai pas besoin de prouver que Jésus-Christ ne pouvait point changer la nature du contrat de mariage; il me suffit de l'entendre nous prévenir du contraire, quand il dit qu'il n'est point venu pour abolir les lois, mais les observer, mais les remplir: *Non veni legem solvere, sed adimplere.* (Mat. 5.) Il n'a donc point changé, et il n'a pu changer la nature d'aucun contrat. C'est sur leur nature invariable que repose le bonheur de l'ordre social, dont il étoit, comme Dieu, l'immuable auteur. A ce titre, il devoit maintenir le lien naturel du mariage, tel qu'il existoit et qu'il existe encore chez toutes les nations.

Le Législateur des chrétiens a donc laissé le lien du mariage se former chez tous les peuples de l'Univers, par le consentement mutuel des époux; chez les uns d'une manière, chez les autres d'une autre. Il n'empêche pas même que le sauvage, dans ses forêts, ne contracte ce lien, sans même rien articuler, tantôt en présentant un morceau de bois résineux allumé, ou une allumette en feu, comme chez les Iroquois; tantôt, chez d'autres tribus, en donnant seulement pour gage, à sa future compagne, un morceau de cuir ou quelques plumes, produit de son état de chasseur. Cette espèce de contrat, fait chez eux par géstes ou par signes, se passe toujours du consentement ou en présence des anciens d'âge de la famille, ou sous les yeux du chef de la nation qu'ils appellent *Cacique*; car partout là clandestinité caractérise le libertinage; partout on exige, selon le vœu sacré de la nature, que le mariage ait une publicité, une solennité quelconque, pour assurer l'état des enfans et la force publique de la patrie.

Le Sauveur du monde, par une faveur nouvelle, spéciale et sanctifiante pour les chrétiens, a institué un Sacrement qui, par la bénédiction nuptiale dont le prêtre est le ministre, *donne à l'homme et à la femme*, dit le Catéchisme du grand Fénélon, *la grâce nécessaire pour vivre ensemble chrétiennement, et élever leurs enfans dans la crainte de Dieu.* Mais en instituant ce Sacrement, Jésus-Christ pouvoit-il ne pas respecter d'abord la légitimité de l'union conjugale dans toutes les religions, et de plus cette même légitimité dans la religion chrétienne, par cela seul que cette union étoit garantie par la conformité avec les lois civiles de chaque pays, dans sa qualité essentielle de contrat social? Il a privé, il est vrai, ceux qui ne sont pas chrétiens, des grâces sacramentelles qui sont conférées par cette bénédiction ; mais il ne leur a point fait perdre le droit qu'ils ont toujours aux autres grâces générales et extra-sacramentelles du même Dieu Rédempteur, qui est mort non-seulement pour une nation, mais pour tous les hommes.

Actuellement, en France (selon le Code Napoléon, article 75 du chapitre des actes du mariage) : « L'officier de l'état civil, à la maison com-
» mune, reçoit le consentement des futurs
» époux ; il déclare ensuite qu'ils sont unis par le
» mariage, et il en dresse un acte sur-le-champ »,
quelle que soit leur croyance ou leur religion.

Ci-devant, parmi les Français catholiques romains, le *propre pasteur* des époux remplissoit à la fois deux fonctions ; celle d'officier civil de la part du Roi, et celle de prêtre de la part de Jésus-Christ : 1.° il recevoit le consentement mutuel des deux époux, ce qui formoit le lien ; 2.° par l'expression des paroles, propres à la forme d'un Sacrement, il bénissoit l'union qui venoit d'être faite au moment précédent.

Aujourd'hui, l'Empereur des Français a retiré son pouvoir des mains de l'Église, et il le pouvoit, pour en confier l'exécution à l'officier civil, en laissant toutefois au prêtre le pouvoir spirituel

d'administrer ensuite le Sacrement du mariage institué par Jésus-Christ.

D'après cet acte d'une profonde sagesse, l'accord est parfait entre l'État et l'Église; il eût
même été louable que partout dans la chrétienté
on eût toujours conféré le Sacrement du mariage
de la même manière qu'on l'administre actuellement en France, où les deux puissances agissent
séparément et distinctement. Ce qui est civil et
social est rentré dans l'attribution du magistrat; ce
qui est spirituel continue d'être l'apanage du ministre des autels, qui ne peut rien changer à la
nature du contrat conjugal.

Il est encore évident, d'après ces mêmes principes, que le Code Napoléon est d'accord avec
l'Évangile sur l'objet du divorce, comme sur
tous les autres objets qui concernent le mariage.
Ce Code, tant renommé, ne considère le divorce
que relativement au contrat civil qui est exclusivement de son ressort : il sait que, sans exception,
tous les contrats et toutes les conventions se rési-
lient par les mêmes causes qui les ont formés, en
conformité de cet axiome reconnu de tous les
peuples : *Per quascumque causas res nascitur,
per easdem et dissolvitur.*

A l'appui de ce principe fondé sur la loi éternelle, l'Histoire Ecclésiastique nous apprend qu'en-

tore au cinquième siècle, par une continuité des dispositions des Empereurs romains, *le divorce étoit permis par les lois civiles.* (FLEURY, *Hist. Eccl.*, liv. 22, § IV, l'an 405.)

Les Princes et les Rois tiennent immédiatement de Dieu l'entier pouvoir sur le mariage comme contrat civil; ils laissent à l'Église, sur le Sacrement, tous les droits qu'elle tient aussi immédiatement de Dieu; et c'est ainsi que sous deux rapports différens, civil et sacramentel, l'accord demeure parfait entre le Sacerdoce et l'Empire.

Lorsque les prêtres catholiques cumuloient pour le mariage les deux fonctions, la civile et l'ecclésiastique, l'État ne connoissoit, par ses registres, qu'une partie de sa population, celle des catholiques romains : le nouveau Code a fait cesser cet inconvénient. Des règles uniformes constatent la légitimité de tous les mariages. C'étoit le seul moyen de prévenir les unions clandestines, non moins contraires à la religion qu'à l'intérêt de l'État.

Quant à l'exhortation que l'officier civil est tenu de lire aux époux, d'après le chapitre VI du Code Napoléon, elle est aussi édifiante que l'exhortation dont le pieux Fénélon, Archevêque de Cambrai, avoit inséré la formule dans son Rituel, avec cette seule différence, en faveur du Code Napoléon,

2

que celle du fervent Archevêque se lisoit par le prêtre après toute la cérémonie du mariage, et que celle du Code précède l'union des époux, ce qui est plus convenable.

Je ne crois pas devoir finir cet article du mariage, sans y faire observer distinctement trois personnages et trois choses : 1.º le notaire, qui fait le contrat pour la dot, la communauté ou la donation des biens, ce qui s'appelle contrat anté-nuptial ; 2.º l'officier civil, qui reçoit de la part des époux, au nom du corps social, le consentement mutuel qui forme le lien du mariage; 3.º le prêtre, qui, chez les époux chrétiens, administre le sacrement, en conférant au mariage les grâces qui sont attachées à cette cérémonie religieuse. Tout ceci est parfaitement d'accord avec l'Évangile. Les intérêts des époux, de la société et de la religion, sont également maintenus.

La législation du Concile de Trente sur le mariage se concilie de même avec le Code Napoléon : cette assemblée œcuménique avoit fondé ses décrets sur la supposition que le prêtre rempliroit toujours, pour le mariage, la fonction civile en même temps que la fonction ecclésiastique : les décrets et les canons de ce concile sont par cela même devenus inapplicables, dès le moment où le Prince a ressaisi son droit sur le mariage civil. Un nouveau concile en porteroit le même jugement, s'il étoit appelé à s'occuper de ces matières. Il faut soigneusement observer : 1°. Que le Sacrement ne fait que bénir le lien conjugal, mais ne le forme pas ; 2.° que le prêtre n'étant plus témoin nécessaire au mariage, la loi du *propre Pasteur* se trouve sans objet ; de manière qu'il n'y auroit plus aujourd'hui aucun inconvénient, et qu'il seroit même plus convenable que tout prêtre, en France, administrât le Sacrement du mariage, comme tout prêtre peut confesser, baptiser, dire la messe et donner l'extrême-onction. Il suit encore des mêmes principes, qu'aucun empêchement dirimant établi par l'Église, sans l'aveu de l'Etat, ne peut annuler l'union conjugale ; les empêchemens spirituels ne peuvent avoir d'autre effet, que de priver les époux de la grâce sacramentelle. Ainsi tout montre que les vrais principes du mariage n'ont souffert aucune altération en France.

Je ferai sur les empêchemens une observation particulière, que m'a fournie l'expérience : j'ai été chargé à Cambrai, pendant neuf ans, de l'examen des Bulles de Rome pour les causes matrimoniales. Je ne trouvois que fausseté et mauvaise foi dans la déposition des époux et des témoins requis. Combien de mariages étoient nuls pour le lien, et sacriléges pour le Sacrement ! Les bulles étoient *obreptices* par un faux énoncé, ou *subreptices* par un exposé insuffisant ; de là, leur nullité et le sacrilége. D'un autre côté, que de fornications n'étoient-elles pas commises dans le dessein d'obtenir la dispense à un moindre prix ! Les lois françaises ont mis un terme à tous ces maux, et écarté toutes ces souillures. Napoléon, non moins jaloux de ses droits que conservateur de ceux de l'Église, abandonne à celle-ci toute la partie spirituelle du mariage, dont il laisse exclusivement la charge au prêtre : le devoir du prêtre est de respecter avec la même sagesse, dans l'autorité temporelle, tout ce qui tient à l'ordre social.

C'est dans ce sens que le célèbre président Lamoignon, dans son discours sur le pouvoir que les Rois ont de faire des lois irritantes sur le sujet des mariages, dit : « Que les Rois tiennent ce » pouvoir de Dieu même, comme faisant partie » de leur puissance souveraine qui concerne le » temporel de leurs Etats, et que quand l'Eglise, » de son côté, a pris connoissance des mariages, » à cause du Sacrement, ça été sans toucher à » l'autorité que les souverains avoient toujours » eue sur le contrat ; que si l'Église a quelquefois » entrepris de juger des causes de cette nature,

» ce n'a été que par commission, ou par la négli-
» gence des princes et des magistrats; les canons
» mêmes des conciles ne peuvent atteindre le
» pouvoir des Rois. C'est ainsi que, malgré l'ana-
» thème du Concile de Trente, nous avons tou-
» jours tenu en France, que les enfans de famille
» ne pouvoient valablement contracter mariage
» sans l'autorité de leurs père et mère ou de leur
» tuteur ».

En vain quelques théologiens ont-ils inventé la subtile distinction, de n'attribuer cette nullité qu'aux effets civils : cette nullité frappoit vraiment et entièrement le lien conjugal; en sorte qu'un prêtre qui, en pareil cas, auroit administré le Sacrement, auroit commis un sacrilége, par défaut de matière sacramentelle, laquelle consiste dans le contrat civil.

C'est ainsi qu'aujourd'hui un prêtre ignorant, qui donneroit la bénédiction nuptiale avant que les époux ne fussent mariés devant l'officier civil, commettroit un sacrilége en administrant un Sacrement frappé de nullité par le défaut du contrat, qui est la matière essentielle au Sacrement.

Jusqu'ici tout étoit confusion sur ce grand sujet : on ne s'accordoit ni sur le ministre, ni sur la forme, ni sur la matière du Sacrement du mariage. Les uns accordoient plus au Sacrement, les autres moins. Ici c'étoit le prêtre qui en étoit le ministre ; là, c'étoient les contractans. Le Pasteur y figuroit, mais tantôt comme prêtre et ministre, et tantôt comme témoin. Les Conciles même de Latran et de Trente ne s'en expliquèrent que d'une manière équivoque et peu satisfaisante, en disant qu'il étoit nécessaire d'être marié en présence du propre Pasteur. Ces deux Conciles laissoient à décider, si le *propre Pasteur* est requis simplement commé *témoin*, ou comme *ministre* du Sacrement ; si les contractans sont ou ne sont pas eux-mêmes les *ministres*. Venoit ensuite la question presque inextricable de savoir quel étoit le *propre Pasteur ;* en sorte que quand deux futurs époux, accompagnés de deux témoins, saisissoient leur Curé dans une rencontre par lui imprévue, hors de l'Église, et qu'ils certifioient en sa présence qu'ils se prenoient réciproquement pour époux, la question de clandestinité ou de légitimité devenoit difficile à résoudre ; et rarement elle étoit décidée. Cette confusion rappeloit assez bien celle de la Tour de Babel. Heureusement est survenu le Pacificateur du monde ; il a été aussi le Pacificateur de l'Église en usant du droit inhérent à sa couronne : d'un seul trait, il dissipe les nuages, lève les doutes, fixe les incertitudes,

éteint les disputes : tout s'éclaircit, tout se simpli-
fie; Napoléon charge l'officier civil de tout le soin
de l'union et du contrat; il laisse à l'Église toute la
cérémonie sacramentelle. Autrefois la forme du
Sacrement étoit conçue en des termes qui expri-
moient une conjonction maritale effective : *Ego
vos in matrimonium conjungo.* Aujourd'hui
elle n'est, ou ne doit plus être énoncée qu'en
style déprécatoire ou en forme de prière sur un
lien déjà formé : ***Deus adimpleat benedictionem
suam in vobis.*** Que Dieu daigne combler de ses
bénédictions l'union que vous avez contractée !
(*Paroles du Rituel* du grand Fénélon.)

Voilà un point désormais réglé entre l'Église et
l'État. Il reste au sacerdoce à voter des remercî-
mens respectueux au Héros chrétien ; d'avoir fait
briller à travers de si épaisses et si antiques ténèbres, la vive clarté de l'Évangile, dont il est le
disciple et le protecteur.

Le sujet du mariage me fournit l'occasion de
parler des vœux solemnels. Ces vœux, si on les
considère dans leurs principes et leur essence,
étoient subordonnés à la volonté du Prince, et
par conséquent conditionnels *dès leur origine;*
ils ont cessé d'être. En second lieu, sous leur rapport de conventions synallagmatiques, ils ont cessé
d'être obligatoires, soit quand la condition relative

au Prince a cessé, soit par le changement des circonstances qui avoient déterminé le votant, en
lui faisant espérer qu'il pourroit remplir ses promesses : *Circumstantiâ notabili mutatâ, res
cum suâ circumstantiâ perit.* Or les religieux et
religieuses n'avoient émis leurs vœux que dans
la parfaite et entière confiance que leur cloître
et leur vie commune, alimentée par le bon exemple, soutenue par une règle édifiante, nourrie
sans cesse par des pratiques journalières de piété,
leur serviroient toute la vie de secours et d'appui.
Ils n'auroient point prononcé leurs vœux à la face
des autels, s'ils n'eussent pas compté sur la protection de cette sauvegarde salutaire. Aucun de ces
moyens sanctifians n'existe plus; obligés forcément
de retomber dans le tumulte d'un monde corrom-
pu, leur promesse a cessé d'être obligatoire; ils
peuvent donc sans crime, et sans blesser leur
conscience, regarder comme nulle envers eux, et
comme non avenue, la loi qu'ils s'étoient imposée
d'observer les trois *Conseils* évangéliques. C'est la
force des circonstances qui les a déliés; ces Conseils ne sont plus, pour leurs personnes, que des
avis pieux d'une perfection à laquelle ils sont
libres d'aspirer ou non, à l'instar des autres
chrétiens.

Le Gouvernement, de son côté, ne s'étoit prêté,

et ne pouvoit se prêter à l'institution des mo-
nastères, qu'avec la libre faculté d'annuler ces éta-
blissemens quand le bien de l'État l'exigeroit. En
conséquence, en abolissant les cloîtres, comme
en les érigeant, le Gouvernement est d'accord
avec l'Évangile, parce que dans ces deux circonstances, toutes contraires qu'elles soient, il se conforme à la loi suprême de l'intérêt public, que
l'Évangile n'a pu contredire : *Per me Reges re-
gnant, per me Principes imperant. (Sap. 8).*

Examinons maintenant le Sacrement de l'Ordre
sous le rapport de l'Épiscopat. Il faut soigneusement distinguer dans le pouvoir que reçoit un
Évêque, ce qui est divin d'avec ce qui est humain :
c'est pour n'avoir pas fait cette distinction, que
les droits du souverain sur cette matière ont été
souvent envahis, et que l'ordre public a été troublé sous un faux prétexte de religion.

D'après le texte exprès de l'Évangile, et d'après
les formules du *Pontifical romain*, on peut dire
avec assurance, que tout le pouvoir spirituel d'un
Évêque est contenu dans le seul sacrement du
sacerdoce, où Jésus-Christ a renfermé toute la
puissance spirituelle que le Ciel a voulu déléguer
aux humains. L'Église, d'après l'Évangile de saint
Jean (chap. 20, vers. 21, 22 et 23), a réuni
dans le Sacrement de l'Ordre toute la mission,

tout le pouvoir des clefs, de lier, de délier, d'ouvrir et de fermer les cieux : c'est en cela seul
qu'elle rassemble toute l'influence divine que Jésus-Christ a voulu communiquer sur la terre à ses
Apôtres et à leurs successeurs, jusqu'à la fin des
siècles. En un mot, tout ce qui précède ou suit
l'ordination, est humain, ou d'institution humaine,
savoir : le choix, la nomination, la présentation,
la collation, l'institution, la juridiction, l'installation et la résidence.

Il est tellement vrai que toute mission divine
est contenue dans le Sacrement de l'Ordre, que
même, selon l'arrangement des mots, dans le texte
de l'Évangile Saint-Jean, le mot *mission* est placé
avant ceux qui donnent le pouvoir des clefs.
*Sicut misit me Pater, et ego mitto vos. Accipite
Spiritum Sanctum. Quorum remiseritis peccata, remittuntur eis; quorum retinueritis, retén-
ta sunt.* (JOAN, c. 20. v. 21, 22 et 23). La
forme du Sacrement de Prêtrise est exprimée, au
Pontifical romain, de la manière suivante, page 71 :
*Accipe Spiritum Sanctum. Quorum remiseris
peccata, remittuntur eis ; quorum retinueris,
retenta sunt.* Les premières paroles : *Accipe
Spiritum Sanctum,* donnent la mission ; les autres
paroles confèrent le pouvoir des clefs.

Or il est essentiel de remarquer que les mots

de cette forme sacramentelle ne sont plus répétés en entier, lorsque le Prêtre est consacré Évêque; l'Église, dans cette seconde consécration, prie que la grâce sacramentelle que le candidat Évêque avoit reçue dans la prêtrise, soit augmentée. *Potens est Deus, ut augeat tibi gratiam suam.* (Page 98.)

L'Évêque consécrateur avoit déjà dit : *Accipe Spiritum Sanctum* (pag. 91). Ces mots signifient la mission épiscopale : il avoit dit encore : *Episcopum oportet judicare, interpretari, consecrare, ordinare, offerre, baptizare et confirmare.* (Page 89.)

Ces mots indiquent les fonctions d'un Évêque. Quant au pouvoir des clefs, il n'en est point parlé; ce qui démontre que ce pouvoir lui a été donné par la prêtrise.

Un docteur de Sorbonne, passant chez moi lors de son émigration (en novembre 1791), prit lecture d'un ouvrage que j'avois fait imprimer sur cette matière; il en fut très-satisfait, et me dit d'appuyer à l'avenir sur le principe, parce que personne n'en avoit encore parlé, et qu'il étoit inexpugnable.

Le Sacrement de l'Ordination donne la mission, et toute la mission divine, pour toute l'étendue de la terre. Si, pour le maintien du bon ordre, on veut restreindre l'usage et l'exercice de cette mission universelle, à un local ou à un arrondissement quelconque, on y pourvoit par une *commission humaine*, que le métropolitain ou l'Évêque ancien d'âge peut donner aussi valablement que le Pape. Mais le défaut de cette *commission* ne rend pas, et ne peut rendre un Évêque schismatique. Cette *commission* ne fait rien à l'union spirituelle de l'Évêque avec le chef de l'Église; car cette union ne consistant que dans l'uniformité de la croyance, elle ne s'accomplit de la part d'un Évêque, que par sa profession de foi : *Ore autem confessio fit ad salutem.* (*Rom.* 10). La Bulle du Pape, qui est postérieure à la profession de foi, ne constitue donc point cette union.

La première nomination fut faite par Jésus-Christ lui-même ; les nominations postérieures furent faites par les fidèles. Lorsqu'il leur falloit un Pasteur, si toutefois il arrivoit que les élections causassent du trouble et de l'agitation dans l'État, le Prince pouvoit et devoit les interdire, en faisant par lui-même les nominations, comme étant le chef et le représentant de tous ses sujets.

La résidence n'est point et ne peut être de droit divin. Onze Apôtres furent constamment voyageurs, sans jamais s'attacher à aucune ville, ni à aucune Eglise particulière ; ils souffrirent tous courageusement le martyre en divers pays, pour le soutien et la gloire de l'Évangile. Deux seulement, Saint Pierre et Saint Jacques, eurent un siége fixe : celui de Saint Pierre fut d'abord à Antioche, ensuite à Rome ; celui de Saint Jacques fut permanent à Jérusalem. Il n'y eut d'Évêques titulaires qu'après les Apôtres, lorsqu'il se trouva assez de chrétiens pour former des Églises distinctes. Les Évêques furent alors circonscrits dans leurs arrondissemens respectifs, quant à leurs fonctions ; mais quant à leur siége, c'est à leur personne même qu'il étoit attaché ; ils le constituoient par leur seule présence partout où ils se trouvoient ; de là l'axiome connu : *Ubi Papa, ibi Roma ;* c'est-à-dire : Où est le Pape, là aussi est son siége épiscopal. Pendant soixante-quinze années, le séjour des Papes à Avignon n'a pas empêché qu'ils ne fussent chefs de l'Église universelle. Les mêmes principes se trouvent dans le sénatus-consulte du 17 février 1810, qui donne au Pape un palais à Paris comme à Rome ; dans quelque endroit qu'il habite, sa personne sera toujours le point central de l'unité catholique. Ainsi, en cela comme en toute autre chose, le Gouvernement français est parfaitement d'accord avec les principes chrétiens.

Les trois formalités de présentation, de collation et d'installation, n'offrent rien d'intéressant à
l'État; je passe à l'institution et à la juridiction.

Par un article du concordat entre Léon x et
François I.er, en 1516, article renouvelé dans le
concordat de 1801, l'institution d'un Evêque, que
l'on appelle aussi confirmation ou ratification de sa
nomination, se donne par le Pape avant que l'élu
soit sacré; mais par cette institution rien de divin
ne s'opère. *L'ordination* donne tout le pouvoir
divin. *La nomination* donne tout le pouvoir humain. *L'institution canonique,* survenue après les
trois premiers siècles écoulés, ne donne aucun
pouvoir, ni divin, ni humain. En effet, s'il arrive
que ce même prélat soit nommé à un autre siége,
on fait une seconde institution, mais sans renouveler la consécration; on voit, par la consécration
qu'il avoit reçue, que celle-ci imprime un caractère
indélébile qui ne doit ni ne peut se réitérer; au
lieu que l'institution de la part du Pape n'est
qu'une formalité humaine, dont l'usage ne s'est
introduit que vers le milieu du onzième siècle, et
qui peut se répéter autant de fois, qu'un Evêque
change de siége épiscopal.

Il ne faut pas s'étonner que l'on ait donné de
l'importance à ces brefs de confirmation; ils ont
été inventés dans le moment où la cour de Rome

se signala par l'accroissement de sa puissance, 1.° en réservant exclusivement à l'Évêque de Rome le nom de *Pape*, qui auparavant étoit, dans l'Église latine, commun à tous les pasteurs, comme il l'est encore dans l'Eglise grecque ou d'Orient ; 2.° en créant les Cardinaux, pour leur donner les prérogatives dont les Curés de la ville de Rome jouissoient depuis Saint Pierre, de composer le conseil ou le presbytère du Vicaire de Jésus-Christ.

Cette création nouvelle de Cardinaux, opérée au préjudice de tant de vénérables Pasteurs, savans et modestes, fut également nuisible à l'épiscopat. Cela est si vrai, que Clément XI (en 1717), offrit aux Archevêques de Cologne, de Trèves et de Mayence, de les créer *Patriarches*, pour leur faire obtenir le pas avant les Cardinaux. (*Voyez* le Journal de Verdun de 1717, page 299.)

Ce onzième siècle fut singulièrement fécond en événemens remarquables sous le rapport de l'Église ; ce fut (en 1058) sous le pontificat de Nicolas II, que les Empereurs perdirent le droit de confirmation à la nomination du Pape. En conséquence, Nicolas II renferma dans son élection papale, faite récemment par les Cardinaux qu'il venoit de créer, la confirmation qu'il ne vouloit recevoir ni des Empereurs, ni encore moins des métropolitains. Il est assez singulier que les Papes se soient emparés du droit de donner la confirmation aux Évêques, dans le même temps qu'ils ont fait perdre aux Rois le droit qu'ils avoient de donner la confirmation aux Papes. Il n'y auroit rien de contraire à la foi, et le Gouvernement Français demeureroit dans son parfait accord avec l'Évangile, si, sous le règne du grand Napoléon, les choses de part et d'autre reprenoient leur ancien état. Ce fut (en 1073), sous le Pape Grégoire VII, que le Pape obligea tous les Évêques de recevoir la confirmation par le Pape, et d'envoyer à la cour de Rome la première année de leurs revenus ou *annates*. Ces abus sont anciens, mais ne cessent pas pour cela d'être des abus.

J'ai prouvé évidemment, dans mon précis sur l'*Etendue du pouvoir souverain,* que pendant les trois premiers siècles on n'exigeoit d'un Évêque, avant ou après sa consécration, qu'une profession de foi publique de sa bouche, afin qu'il pût *licitement* entrer dans l'exercice de ses fonctions. J'en ai cité un trait frappant et décisif dans l'histoire de Saint Alexandre-le-Charbonnier (en 233). Je dis *licitement,* car, en vertu du *seul* droit d'ordination, toutes fonctions seroient faites *validement,* sans aucune autre formalité, ni préalable, ni subséquente.

Après que l'Empereur Constantin, au quatrième siècle, eut permis à l'Église l'exercice solennel des fonctions évangéliques, la coutume s'établit parmi les Évêques d'écrire au Souverain Pontife après leur consécration ; et cette lettre s'appeloit *Lettre d'union*. Voici entre autres un exemple de ce que j'avance, c'est Baronius qui le rapporte. Jean, Évêque de Constantinople, avoit été élevé au siége de cette ville patriarchale ; il y remplissoit les fonctions de sa dignité depuis six mois, et jusqu'alors il avoit négligé d'écrire cette lettre d'union au Saint-Siége : Hormisdas, qui étoit dans ce temps le chef de l'Église (en 517), sans prendre envers lui la voie du reproche ou de la menace, lui écrivit, en le prévenant lui-même, une lettre d'avis dans un style amical et fraternel, en ces termes : *Decuerat te ad nos legatos mittere ut vetustæ consuetudinis normam inires.* « Il étoit convenable que vous m'eussiez annoncé » votre élévation à l'épiscopat constantinopoli- » tain, selon l'usage déjà ancien dans l'Église ». Sur quoi il est important de remarquer les mots *decuerat* et *vetustæ consuetudinis.* Hormisdas ne parle que de *décence* et de *convenance*, et non d'obligation par suite d'une loi. Il ne dit pas non plus que cet usage datoit de Jésus-Christ ou des Apôtres, mais seulement qu'il étoit ancien ;

vetustæ, c'est-à-dire depuis le grand Constantin.

Si les trois Papes, Innocent XI, Alexandre VIII et Innocent XII, avoient été pénétrés des mêmes sentimens d'édification et de paix du prudent et sage Hormisdas, ils n'auroient point troublé la France pendant onze ans, depuis 1682 jusque vers 1693, en refusant des bulles de confirmation à cinquante Évêques, légalement nommés par Louis XIV. Un pareil refus se renouvelle dans ce moment, mais il sera sans conséquence.

Il est vrai sans doute que par le Concordat de 1802, articles 4 et 5, le Monarque est convenu que les Évêques nommés par lui demanderoient leur confirmation au Saint-Siége; mais il est vrai aussi qu'en cas de refus de la part du Saint-Siége, le Monarque français pourra, dans sa sagesse, faire usage de l'axiome reçu chez toutes les nations : *Irrationabiliter invito non fit injuria.* D'ailleurs, un Concordat est un contrat réciproque ou *synallagmatique*, dont l'obligation cesse dès qu'une des deux parties méconnoît son engagement.

Le Monarque n'a qu'à se reporter à l'usage des trois premiers siècles du christianisme, où l'on n'exigeoit de l'Évêque élu qu'une simple profession de foi faite en présence du peuple; ou bien, si le Gouvernement veut s'appuyer même du Concordat, ce but seroit rempli en faisant prendre acte du refus par l'Évêque privé de la confirmation papale, après quoi le prélat se pourvoiroit par-devant le Métropolitain ou l'Évêque ancien d'âge de la province, conformément aux décisions du concile national tenu à Tours en 1510, sous Louis XII.

Cette forme, consacrée par le droit canonique, étoit celle que l'on employoit ci-devant contre le refus d'un collateur, et on obtenoit ensuite la collation de la part de l'Évêque; c'est ce que l'on appeloit collation *ad renutum,* fondée sur le refus de celui qui devoit la donner, et qui, par son refus, affligeoit l'Église, en privant un peuple de son Pasteur. Cette marche légale ressemble aux anciens appels comme d'abus par-devant les cours souveraines. J'ai moi-même, en 1787, employé cette formule contre le chapitre de Saint-Germain de Mons, mon collateur, lors de ma translation de la cure de Sainte-Élisabeth de Cambrai, à celle de Bettignies près de Maubeuge. J'ai fait donner acte du refus par huissier, et me suis pourvu de collation devant par qui de droit (l'Évêque métropolitain).

La viduité spirituelle de tout un diocèse est bien plus pressante, sans doute, que celle d'une paroisse. D'ailleurs, ces sortes de vacances des Évêchés arbitrairement prolongées, ressemblent assez aux interdits jetés jadis sur tout un royaume, pour qu'on sente l'importance d'y mettre un terme, et d'empêcher qu'on ne puisse jamais les renouveler. Le Monarque français, en agissant ainsi, ne fera qu'user de son droit.

En même temps qu'on réformera l'usage des bulles de confirmation papale pour les Évêques, en ramenant l'usage des premiers siècles, on pourra aussi rappeler ce même usage à l'égard des Papes, en les soumettant à l'avenir à la confirmation de l'Empereur, comme on l'a pratiqué jusqu'au onzième siècle. Cette mesure, également favorable au Sacerdoce et à l'Empire, régleroit les vrais rapports des deux puissances qui, depuis tant de siècles, ont été si souvent désunies. L'Église est dans l'État, et l'État n'est pas dans l'Église.

La réunion de l'évêché de Paris à celui de Rome consolideroit encore cette édifiante intelligence, qui ne feroit que s'accroître par la résidence, du moins partielle, que feroit le Pape dans son palais de Paris : car il ne seroit pas plus contraire aux saints canons de voir le Pape être Évêque de Rome et de Paris tout à la fois, que d'avoir vu au seizième siècle, vers l'an 1520, Érard de Lamarck, Cardinal Prince Évêque de Liége, posséder concurremment trois Évêchés : 1.° celui de

Liége ; 2.° l'Archevêché de Valence en Espagne ; 3.° l'Evêché de Chartres en France.

Ce qui surtout affermira la paix entre l'Empire et le Sacerdoce, c'est le serment que prêteront désormais les Papes de ne rien faire contre les quatre propositions de l'Église gallicane, arrêtées dans l'assemblée du clergé, en 1682. Les Papes n'y trouveront aucune difficulté ; ils savent bien que, sous le long règne de Louis xv, le fameux Benoît xiv, le savant Ganganelli, et cinq autres Papes vertueux, qui ont rempli cette spacieuse carrière de soixante ans, ont constamment donné les Bulles de Confirmation à plus de cent Évêques de France, qui tous, dans leur licence et leur doctorat, avoient juré de soutenir les quatre propositions du clergé.

Pie vii, aujourd'hui chef de l'Église, s'est comporté de même envers les soixante-trois Évêques nommés lors du Concordat ; et quoique, pendant son séjour à Paris, deux ans après, il ait fait à Sa Majesté des représentations sur un certain nombre d'articles organiques ajoutés au Concordat, et nommément sur ceux qui concernoient les libertés de l'Église gallicane, néanmoins, sur le refus de Sa Majesté d'accéder à sa demande, il n'a pas cessé pour cela de donner depuis lors des Bulles de Confirmation à vingt-quatre Évêques

français, qu'il a su être obligés, par les lois organiques du Concordat, à soutenir et à faire enseigner dans leurs diocèses ces mêmes propositions.

Cette conduite de sa part n'a rien d'étonnant ;
on sait que déjà avant son élévation à la souveraine dignité pontificale, il étoit d'une opinion
conforme à la constitution civile du clergé de
France de 1790, qui avoit pour base les quatre
propositions de 1682 ; car, à la première cam-
pagne d'Italie, en 1797, s'entretenant chez lui, à
Imola, avec le général Girardon sur les troubles
que cette constitution causoit en France, il s'ex-
prima en ces termes : « J'ai vu et étudié la cons-
» titution civile du Clergé en Prêtre italien qui
» vouloit la trouver mauvaise et la réfuter ; je n'ai
» pu y réussir, et si j'avois été Prêtre français, je
» l'aurois acceptée et signée ».

Une autre fois se trouvant à Ancône, dans le
jardin de madame la marquise de Sassatelli, sa
proche parente, un Prêtre français vouloit se faire
gloire en sa présence d'avoir émigré par motif de
religion. Le Cardinal-Évêque lui fit une réponse
bien propre à humilier son orgueil : *Et moi,* lui
dit le savant et pieux Pontife, *si j'avois été
Prêtre français, j'aurois obéi aux lois, et se-
rois demeuré bien paisible dans ma patrie.*

Ce dernier trait m'a été rapporté par un ami

de Sa Sainteté, qui étoit présent, M. Febure Fresnoy, alors commandant de la citadelle d'Ancône, aujourd'hui membre de la légion d'honneur, décoré de la croix, jouissant de sa pension de retraite, rue Saint-Jacques, à Paris, n.° 248.

Il y a cinq ans que j'ai cité ces deux traits de l'Évêque d'Imola, page 81 de mon ouvrage sur la réunion des cultes, sous le titre de : *Hommage et gloire à Pie VII et à Napoléon-le-Grand;* personne ne les a contredits.

Je continue de m'expliquer sur les libertés de l'Église gallicane.

Quand le Pape, de son propre mouvement, *proprio motu,* défend quelque chose que le Prince commande, il ne doit, ni ne peut être obéi, à moins qu'il ne parle en matière de dogme de la part d'un concile général ; hors de cette exception, on opère son salut en obéissant à son Souverain, et on opère sa réprobation en obéissant au Pape : *Qui resistit potestati, Dei ordinationi resistit et ipsi sibi damnationem acquirit.* (*Rom.* 13. 2).

Rapprochons ce principe des temps récens, afin d'en rendre l'application sensible. Pie VI, en 1791 et 1792, *défendit* ce que le Gouvernement français commandoit. Que falloit-il faire pour son salut ? Il falloit obéir au Gouvernement, parce que

Pie vi ne parloit pas au nom d'un Concile, ni en matière de dogme.

Je venois, peu de temps avant le Concordat, d'être exclu d'une église par feu M. Malaret, vicaire-général de Paris, parce que je ne voulois pas commettre le parjure de rétracter mon serment civique de 1791. Plein de conviction de la bonté de ma cause, j'eus recours à un autre vicaire-général ; je lui détaillai mes motifs : Montrez-moi, lui dis-je, un seul article de la constitution civile du Clergé qui soit contraire à la Foi. Il parut s'empresser de m'en citer un ; et il me dit « qu'il y étoit défendu à tout Prêtre et à tout » Chrétien d'avoir aucune relation avec un Évêque » dont le siége épiscopal étoit hors de la France », et il ajouta : Vous êtes donc *schismatique*, puisque, le siége épiscopal du Pape n'étant pas en France, vous rompez l'unité ? Je lui répondis qu'après les mots qu'il venoit de me réciter, il y avoit encore ceux-ci : « Sans préjudice à l'unité de la » Foi et de la Communion, qui sera entretenue » avec le Pape, Évêque de Rome, Chef de » l'Église universelle ». (Titre 2. art. 4). Il rougit, me demanda excuse et m'embrassa.

Aussi Pie vi se manqua à lui-même, en lançant des brefs, qu'il qualifia de *dogmatiques*, sur une matière qui, de l'aveu de MM. les vicaires-généraux de Paris, et de tous les savans, étoit totalement de *discipline*. C'est sans doute par une erreur de la même nature que Pie vii a appelé ces mêmes brefs *dogmatiques*, dans son Allocution aux Cardinaux assemblés au Consistoire secret, le 26 juin 1805, après son retour de Paris. (*Voyez* le *Moniteur* du 9 juillet 1805).

Les Rois chrétiens préviendront bien des troubles dans leurs États, en réduisant les communications avec le Pape aux choses strictement nécessaires au maintien de l'unité; je veux dire à la *seule* profession de foi publique de la part d'un Évêque lors de son installation dans son siége, en supprimant en conséquence, comme inutiles, toutes correspondances sur papier ou parchemin, à moins qu'elles ne soient faites avec la permission du Gouvernement ou de son aveu. D'un autre côté, les Prêtres communiqueroient avec leur Évêque respectif par une profession de foi semblable, comme cela a toujours été pratiqué; le peuple communiqueroit de même avec son Curé. Ces trois anneaux forment toute la chaîne qui lie le cœur de tout Chrétien à la chaîne de Saint Pierre; que l'on agite cette chaîne tant qu'on voudra, on verra qu'elle est liée par ces anneaux d'une manière indissoluble.

Il n'y a pas de doute, d'après ces principes,

qu'il ne faille réformer à l'avenir dans le *Ponti-fical romain* la promesse que fait par serment un Évêque, lors de son sacre, « d'aller tous les trois » ans à Rome ; de soutenir le patrimoine de Saint » Pierre ; de maintenir et d'augmenter, autant » qu'il sera en son pouvoir, les droits, les hon-» neurs, les priviléges et l'autorité de la Cour » de Rome » ; car toutes ces expressions sont au-jourd'hui dérisoires en elles-mêmes, et injurieuses aux Gouvernemens ; il suffit aux sujets de l'État, de remplir leurs devoirs de fervens et de pieux Chrétiens, sous l'égide orthodoxe des libertés de l'Église gallicane.

J'étois à faire ma thèse de bachelier en théo-logie, en 1766, à l'Université de Douai, lorsqu'un envoyé du Gouvernement vint intimer l'ordre du Roi d'y enseigner publiquement ces libertés, par les quatre fameuses propositions du Clergé de 1682. Je vis alors avec édification tous les docteurs, dociles et soumis, s'y conformer dès la même année.

Ce n'est pas seulement en France que ces pro-positions ont été soutenues (car elles forment le droit commun de l'Église). M. Fébronius, Évêque de Miréopolis, suffragant de Trèves, les a soute-nues, en Allemagne, dans un ouvrage latin, in-4.°, sous le titre : *De præsenti statu Ecclesiæ.* (Bouillon, 1763). Ce livre fit beaucoup de bruit ; l'abrégé qu'en fit M. Lissoir, abbé régulier de la Val-Dieu, sous le titre : *De l'État de l'Église* (1766, 2 vol. in-12), n'a pas fait moins de sensation ; M. Lécui, docteur de Sorbonne, ancien général des Prémontrés, dit, en parlant de cet ouvrage, que M. Lissoir *en a donné une bonne et sage analise.* (*Dict. histor.* p. 649. Paris, 1803, in-8°.)

Ces propositions ont eu aussi leurs partisans en Italie ; c'est-à-dire chez tous les Évêques italiens savans et de bonne foi. J'en ai moi-même une preuve personnelle, par l'éloge que M. l'Évêque d'Udine fit d'un de mes ouvrages, publié en 1796. La lettre par laquelle il me fait transmettre cet éloge est du 19 juin 1796 : je la conserve.

Les déclarations récentes que de toutes les contrées de l'Italie les Évêques viennent d'adresser à Napoléon-le-Grand, sur leur adhésion aux libertés de l'Église gallicane, sont encore une preuve de ce que j'avance.

Ce qui en 1791 étonna les vrais savans, ce fut de voir qu'un grand nombre d'Évêques et de Prêtres, qui dans leurs grades de théologie avoient fait serment de soutenir les quatre propositions, refusèrent néanmoins d'en reconnoître l'application, au premier développement qu'en fit l'assemblée constituante.

Il est d'une évidence incontestable, que la Bulle de Confirmation du Pape, pour la ratification d'un Évêque, n'a rien de divin, et n'est qu'une formalité de convention humaine : 1.° parce qu'elle n'a eu lieu que mille ans après les Apôtres, et que les choses *divines* ne s'inventent point par les hommes; la foi est sortie toute entière de la bouche de Jésus-Christ, sans qu'il puisse y survenir aucun accroissement, comme l'univers est sorti tout entier des mains du Créateur, sans que l'on puisse y ajouter le moindre grain de matière; 2.° parce que le Concile de Trente lui-même ne regarde cette formalité que comme une *commission* humaine : le mot *missi*, dans le canon 7 de la 22.ᵉ session, n'est pas rendu dans la traduction française du Concile par le mot *mission*, ce qui exprimeroit une influence divine, mais par le mot *commission*; 3.° l'Histoire ecclésiastique de Fleury (liv. 16, art. 31), traduit aussi ce mot par *commission* ; 4.° à l'époque de ce Concile, en 1551, on appeloit *missi dominici*, ou *missi regales*, les commissaires du Roi, que depuis Clovis on envoyoit comme voyageurs dans les diverses provinces de l'Empire, pour y juger les affaires contentieuses; ils ont été remplacés par les Intendans, aujourd'hui par les Préfets; 5.° si ce mot *missi*, du Concile de Trente, signifioit une institution divine ou un souffle divin, opérant la grâce de Jésus-Christ, il formeroit un huitième Sacrement, ce qui seroit une hérésie, dont cette vénérable assemblée œcuménique, dirigée par le Saint-Esprit, étoit incapable, ayant elle-même fixé les Sacremens au nombre de sept en 1547, quatre ans auparavant *(Session 6, canon 1)*.

Il demeure donc vrai que le Gouvernement français, en soutenant que la Bulle de Confirmation n'est que d'institution humaine, et qu'on peut en supprimer l'usage sans blesser le Sacrement de l'Ordre, parle conformément à l'Évangile (Joan. 20). Personne n'a jamais soutenu et ne soutiendra jamais, qu'il puisse y avoir une mission divine hors de l'Ordination, ni que toute mission ne soit contenue dans l'Ordination. On peut s'en convaincre par l'examen des principes de l'Évangile Saint (Jean chap. 20, vers. 21, 22, 23). Il suffit d'ailleurs d'ouvrir le *Pontifical romain* (p. 616), chapitre de *Scrutinio serotino*, pour être pleinement convaincu de cette vérité; là où il traite de l'élection d'un Évêque faite par son chapitre, et de la consécration qu'il reçoit incontinent après par le Métropolitain, comme on le pratiquoit *dans toute la Gaule et dans les Espagnes*, le Pontifical ne dit pas un seul mot de la Confirmation à obtenir du Pape. Tout de suite après le choix, l'élu (comme jadis Saint Alexandre-le-Charbonnier) est consacré par le Métropolitain, et il entre d'abord en fonctions sans recourir à Rome. La consécration faite par le Métropolitain, insinuée sur le registre de l'évêché, servoit elle-même d'institution canonique. Comment pourroit-on dire qu'un tel Évêque ne soit pas en règle, puisque c'est le Saint-Siége qui a fait imprimer ce livre des hautes cérémonies de l'Eglise ? *Electus consecrandus erat in crastino.*

Passons maintenant à la juridiction, et montrons qu'elle n'a rien de divin.

La juridiction divine d'un Évêque ou d'un prêtre s'étend par toute la terre : *In omnem terram;* et même aujourd'hui, dans le cas de nécessité, la juridiction ne connoît pas de limites. C'est pour des convenances particulières et par des motifs d'ordre public, qu'on a restreint l'arrondissement des paroisses et des évêchés. Ce droit dépend du Prince; car tout objet d'ordre public appartient essentiellement à la souveraineté.

Il y a une foule de faits sur cette matière auxquels on n'a point assez réfléchi : par exemple, lorsqu'un Évêque dressoit jadis un procès-verbal de *Commodo et incommodo,* pour attacher une maison à une paroisse plutôt qu'à une autre, l'instruction devoit être portée au Parlement, pour y être entérinée. J'ai fait moi-même plusieurs fois de ces sortes de procès-verbaux, à titre de secrétaire par *interim* du savant et pieux Fleury, Archevêque de Cambrai, en l'accompagnant dans le cours de ses visites diocésaines. Le Parlement, en se réservant ce *Placitum*, prouvoit que ce travail dont il se déchargeoit sur l'Église, étoit de son ressort ; il le faisoit par lui-même quand il le jugeoit nécessaire.

Il ne s'agit dans cet exemple que d'étendre ou de restreindre une paroisse ; mais tout exemple sert à montrer les principes. Dans tous les temps, les Princes ont créé les Evêchés : on en trouve la preuve dans l'Histoire de Charlemagne. L'Empereur de Russie a établi l'Evêché de Mohilow pour les Catholiques; il l'a érigé ensuite en Archevêché. C'est en exerçant ce même droit, que l'Empereur Napoléon a supprimé et a réuni plusieurs Evêchés d'Italie.

L'union d'un Évêque avec le Pape consiste uniquement dans sa profession de foi; car il faut que l'Évêque ait le pouvoir de former son union par un acte qui dépende seulement de sa volonté, et non de la volonté d'autrui. Saint Paul a décidé cette question par ce beau passage de son Épître aux Romains (chap. 10) : *Corde creditur ad justitiam, ore autem confessio fit ad salutem.*

Car si l'œuvre du salut exclut tous les crimes; elle exclut donc celui du schisme autant que les autres. Il est impossible que celui qui fait publiquement profession de croire à la religion catholique, apostolique et romaine, soit schismatique. Le Prince qui dans ses Etats se borne à n'exiger de ses Evêques que la pure et simple profession de foi publique, est en parfaite conformité avec l'Evangile. Il n'est pas même absolument nécessaire que l'Evêque adresse à Rome sa profession de foi; si son Eglise et son souverain l'ont entendue, l'envoi à Rome n'est qu'un égard de convenance; *decuerat*, disoit le Pape Hormisdas à Jean, Evêque de Constantinople.

Que l'on ne vienne pas objecter que cette doctrine est nouvelle; elle est aussi ancienne que les Apôtres. Et d'ailleurs, combien n'y a-t-il pas d'erreurs anciennes, même sur des institutions que l'on croyoit aussi divines!

Depuis quinze cents ans les chrétiens croyoient que la dîme étoit de droit divin : cependant le célèbre jurisconsulte Dumoulin paroît en 1551; il examine, il apprécie, il compare la loi judaïque avec la loi évangélique (*Levit.* 27. 30; *Luc.* 10. 7. 8.), et d'après la savante comparaison qu'il fait des deux législations, il détruit cette vieille erreur. La masse des théologiens s'étonna, admira, et se tut. La dîme fut reconnue être de droit humain. Deux cent quarante ans après (en 1789), l'assemblée constituante l'a supprimée, et l'Église a cessé d'y prétendre.

Il en sera de même de la Bulle de confirmation papale. Elle est de droit humain ; et, si dans sa sagesse l'Empereur des Français juge à propos de la supprimer, on n'y pensera plus dans dix ans : l'Etat y gagnera sous le rapport du maintien de ses droits, sous le rapport du bon ordre et de la tranquillité publique, et la foi n'aura rien perdu de sa ferveur.

Avant de passer au chap. III sur l'Accord avec la Morale, il ne sera pas inutile de placer quelques détails sur la manière dont les Evêques ont été choisis, consacrés et canoniquement institués dans l'Eglise de Jésus-Christ.

1.° Les Apôtres, qui furent les premiers Evêques, furent choisis par Jésus-Christ ; ils reçurent, la veille de sa mort, le pouvoir divin de consacrer son corps et son sang ; il leur apparut ensuite après sa résurrection, et leur donna le pouvoir des clefs, de lier et de délier, d'ouvrir et de fermer les portes du royaume des cieux.

Le christianisme n'étant encore qu'une religion secrète, les Apôtres commencèrent par établir des Evêques dans les lieux les plus populeux où ils prêchoient l'Evangile ; et quand le nombre des convertis fut devenu assez considérable dans une province, ce fut le peuple qui choisit ses Evêques. Il y avoit son intérêt, puisqu'ils étoient destinés à son service spirituel.

Cette nomination fut faite ensuite par les Rois, soit comme représentans du peuple, soit pour éviter les cabales des élections ; et il n'est pas d'ailleurs indifférent à l'ordre public et à la tranquillité de l'Etat, que tel Evêque soit élu plutôt que tel autre.

2.º Au sujet de la consécration, il y eut, dès les premiers siècles, un mode d'usage apostolique, de consacrer les Evêques : Saint Grégoire de Nysse en fait mention dans le récit qu'il donne de la consécration de Saint Alexandre-le-Charbonnier, faite par Saint Grégoire Thaumaturge, dont il raconte les œuvres merveilleuses. *Juxta consuetum morem sacravit*, y est-il dit.

Cet usage constant a été recueilli et consigné ensuite dans le livre intitulé *Pontifical romain*, que Clément VIII fit imprimer en 1592, et qu'Urbain VIII fit réimprimer en 1624.

3.º Sur le troisième objet, c'est-à-dire l'institution canonique, il paroît certain que, depuis les Apôtres jusqu'à l'érection des Métropolitains sous le règne de Constantin-le-Grand, en 325, au concile de Nicée, tout se bornoit à une profession de foi que l'Evêque, nouvellement consacré, faisoit en présence du même peuple qui venoit de le choisir, et qui venoit aussi d'assister à sa consécration.

Le même Saint Grégoire de Nysse nous fournit la preuve de ce que j'avance, en disant qu'aussitôt après que Saint Alexandre-le-Charbonnier, dont il étoit le contemporain, fut sacré par Saint Grégoire Thaumaturge, en 233, *selon la cérémonie usitée*, tout le peuple qui étoit présent, et qui une heure auparavant venoit de le choisir, tint les yeux fixés sur son visage, pour entendre de sa bouche la prédication *qui étoit d'usage* après la consécration d'un Evêque. *Juxta consuetum morem per sacerdotium Deo virum dicat. Omnibus autem novum sacerdotem intuentibus, rogatus ut aliquam ad Ecclesiam orationem haberet. Statim initio suæ administrationis ostendit haud falsum erga se, Gregorii judicium fuisse. Erat enim oratio ejus intelligentiæ sententiarumque plena, dicendi floribus minùs ornata.* (T. ii, p. 995.) Les livres des Vies de Saints, conformes au récit de Saint Grégoire de Nysse, nous disent que « Saint Grégoire Thau-
» maturge consacra Saint Alexandre-le-Charbon-
» nier solemnellement avec les cérémonies *accou-*
» *tumées*, et qu'après la consécration il pria le

» nouveau Prélat de faire, selon la *coutume*, un
» discours pour instruire l'assemblée. Alexandre
» s'en acquitta si bien, que tout le monde réitéra
» son acclamation ». (*Vies des Saints*, avec une
prière et des pratiques à la fin de chaque vie;
in-12. Paris, 1737, chez Lottin, imprimeur-
libraire.)

Après le concile de Nicée, les métropolitains,
dont l'érection venoit de se faire, commencèrent
à donner l'institution canonique aux nouveaux
Evêques sans recourir à Rome, non plus que dans
les trois siècles précédens, où la seule profession
de foi avoit lieu : encore arrivoit-il souvent que le
métropolitain ne donnoit pas séparément l'institution formelle et particulière, mais la comprenoit
dans la cérémonie de la consécration, que lui-
même en personne avoit faite, ainsi que les Papes
l'ont pratiqué pour eux-mêmes depuis l'an 1100, en
renfermant leur institution ou confirmation dans
leur élection faite par les Cardinaux. C'est ainsi
que doit s'entendre le *Pontifical romain*, page
616, *De scrutinio serotino*, où il s'agit d'une
consécration solemnisée par le métropolitain, sitôt
après l'élection faite par le chapitre. Il n'y est fait
aucune mention d'institution canonique.

4.° L'institution canonique moderne ne remonte qu'au temps de Constantin ; mais jusqu'au

onzième siècle on ne trouve pas un seul exemple où elle ait été donnée autrement que par un rescrit du métropolitain. Elle a été donnée ensuite par une Bulle papale, depuis 1053 jusqu'à 1516; mais cette innovation a eu lieu *sans autorisation des souverains*; et si le Gouvernement y mettoit alors peu d'importance, c'est qu'on ne connoissoit aucun exemple d'un refus de ces Bulles. En 1516 il y eut un Concordat qui a duré jusqu'à notre siècle; mais il faut bien se convaincre que les Bulles de confirmation, non-seulement ne confèrent rien de *divin*, mais n'ajoutent même aucun droit *humain* à la nomination faite par le Roi. Elles ne servent qu'à montrer que la nomination est regardée comme canonique, même par le Pape, c'est-à-dire comme conforme aux règles de l'Eglise : or, l'on sent bien que cette reconnoissance du Pape n'est d'aucune nécessité; ce n'est pas même à lui à juger, dans un tel cas, de l'observation ou de la violation des lois canoniques. Revenons encore aux temps qui ont précédé le Concordat.

A peine deux cents ans s'étoient écoulés depuis 1053, que Saint Louis, par la pragmatique de 1268, abolit les Bulles de confirmation papale, par la seule raison que ces Bulles emportoient hors de la France beaucoup d'argent et ruinoient l'Etat; car jusqu'alors les Papes n'avoient pas encore imaginé de s'arroger le droit de refuser ces Bulles.

Après Saint Louis, Charles vi, en 1385, chassa de France les collecteurs des Papes, qui recevoient les dépouilles des Prélats. En 1388, il fit révoquer, par un arrêt, la permission qui avoit été donnée à ces collecteurs. En 1418, il fit un autre édit pour le rétablissement des libertés de l'Eglise gallicane, contre les entreprises de la cour de Rome. En 1440, il rendit un édit pour faire enregistrer la pragmatique-sanction faite à Bourges en 1438. Louis xi, en 1478, fit une ordonnance qui défendoit à tous ses sujets d'aller ou d'envoyer à Rome pour y porter ou faire porter de l'argent. En 1551, Henri ii, par un édit du 3 septembre, défendit d'envoyer de l'argent à Rome, de quelque manière que ce fût. Charles ix, en 1560, renouvela la même défense, s'appuyant sur les décrets des saints conciles.

Après le Concordat, passé l'an 1516, entre Léon x et François i.er, où les Bulles ont été admises, les Papes s'imaginèrent de pouvoir refuser ces Bulles aux Évêques nommés par nos Rois : ainsi, en 1593, Clément viii refusa des Bulles à Réné Benoît, nommé par le Roi à l'Évêché de Troyes, parce qu'il avoit soutenu que Henri iv pouvoit être absous sans recourir à Rome. 2.° Sous Louis xiv, Innocent x, Alexandre viii et Innocent XII, depuis 1682 jusque vers 1693, refusèrent des Bulles à une cinquantaine d'Évêques, en haine des quatre fameuses propositions du Clergé de France, de 1682. 3.º Sous la régence, Clément XI, pendant plusieurs années, refusa aussi des Bulles à plusieurs Evêques. Il est donc très-vrai que ce scandale n'est pas nouveau dans l'Église; mais c'est une raison de plus de prendre des mesures pour y mettre un terme. Clément XI s'empressa de donner les Bulles qu'il avoit long-temps refusées, dès qu'il apprit que les commissaires étoient nommés par le Régent pour lui faire les sommations respectueuses à l'effet de passer outre.

Depuis deux ans, Napoléon souffre le même refus; la sagesse et la patience qu'il a montrées en ne forçant pas le Pape dans son opiniâtreté, sont un nouveau titre de grandeur pour ce Souverain; mais l'intérêt de l'État doit enfin l'emporter sur sa modération.

. Le peuple chrétien est un troupeau sans pasteur; il est privé notamment du Sacrement de Confirmation, qui affermit la foi, tandis que l'incrédulité, depuis nos secousses révolutionnaires, fait de si nombreux et de si funestes ravages. Après des représentations faites de la part du grand Monarque au Chef de l'Église, puisque celui-ci méconnoît le Concordat, la charité chrétienne oblige le Prince à passer outre, et à reprendre l'ancien usage antérieur aux Bulles, de faire accorder l'institution canonique par le métropolitain, ou de se reporter aux temps encore plus anciens de la simple Profession de Foi. Le peuple bénira le ciel pour les bienfaits spirituels que son Monarque fournira aux fidèles.

Le lien d'unité avec le Chef de l'Eglise ne recevra pour cela aucune atteinte ; on ne fera, au contraire, que remettre en vigueur l'ancien lien qui date du temps des Apôtres, qui a été établi par Jésus-Christ lui-même, et qui est antérieur de plus de mille ans aux Bulles du Pape. Ces Bulles n'ont jamais formé le lien d'unité.

Il en est de même de l'institution canonique et des lettres d'union, dont l'origine, plus ancienne que celle des Bulles, remonte au quatrième siècle : toutes trois sont d'invention humaine ; et l'on peut en observer ou négliger l'usage, sans altérer ni faire souffrir le lien d'unité, qui consiste simplement et uniquement dans la Profession de Foi ; car, ce qui importe, c'est qu'on ne chancelle point dans la croyance.

CHAPITRE III.

Accord avec la Morale.

La morale consiste dans la conformité des actions des hommes avec les lois, soit divines, soit humaines, soit naturelles, soit positives.

L'on compte jusqu'à quarante sectes de philosophes, qui, après trente-quatre siècles écoulés depuis la création, et dans leur oubli de la tradition du premier homme, si bien constatée par Moïse, législateur des Hébreux, dans le livre de la Genèse, ont divagué pendant six cents ans sur les causes premières de la formation de l'univers, cherchant cependant toujours le souverain bien par la pratique des vertus et de la soumission aux lois.

Les ténèbres dont ils étoient restés enveloppés se dissipèrent lorsque Jésus-Christ vint montrer les sentiers que doit suivre l'homme pour remplir ses devoirs envers Dieu et ses semblables.

Les lois de l'Evangile, *purement divines*, sont celles qui sont renfermées dans les Mystères et les Sacremens. J'ai déjà prouvé leur accord avec les principes du Gouvernement Français.

Les lois de l'Evangile, *naturelles*, *divines*, sont celles que la nature avoit déjà gravées dans nos cœurs, et dont l'Évangile a renouvelé l'empreinte, afin de confondre les méchans qui refuseroient de descendre dans leur cœur pour les y reconnoître. Or, ces mêmes lois sont mises en évidence de la part du Prince dans le *Code Napoléon*, qui, en rassemblant tous les droits et tous les devoirs de l'*homme en société*, établit par cela même un parfait accord entre le Gouvernement et l'Évangile. Rendez à chacun ce qui lui est dû; ne faites point à autrui ce que vous ne voudriez pas qui vous fût fait : ces deux grands principes se retrouvent dans toutes les lois françaises.

Outre les lois de rigueur, Jésus-Christ donne trois conseils évangéliques : 1.º la pauvreté volontaire; 2.º la chasteté perpétuelle; 3º. l'obéissance entière : mais ces conseils n'enjoignent aucune obligation : leur objet ne peut rien offrir qui puisse blesser la conformité de la puissance temporelle avec la spirituelle. La loi naturelle n'avoit même pas fourni l'idée de ces conseils de perfection.

Je ne finirai point cet article sans faire remarquer aux chrétiens que l'obéissance aux lois est inséparable de l'obéissance à l'Evangile; les lois civiles ont le même fondement que la morale évangélique, et l'obéissance aux lois n'est pas d'une moindre importance que les Sacremens et les

Mystères ; les lois sociales règlent nos devoirs pour quatre-vingt-dix-neuf centièmes de la vie de l'homme, et forment le fond le plus abondant de notre mérite relativement au salut. Il ne faut jamais perdre de vue *qu'en obéissant au Prince, on obéit à Dieu*. Ce que je dis ici n'est point de la cagoterie ; c'est la partie solide du christianisme.

CHAPITRE IV.

Accord avec la Discipline.

J'ai distingué dans mon premier ouvrage, intitulé l'*Étendue du Pouvoir souverain* , la discipline intérieure et la discipline extérieure : la première, qui constitue le culte, ne touche point à l'ordre public ; elle est concentrée dans les murs sacrés ; elle consiste principalement dans les cérémonies et les prières qui accompagnent les Sacremens et le sacrifice. Ce culte intérieur ne présente rien qui puisse se trouver en opposition avec l'autorité publique. Le Prince sait, au contraire, que dans ces assemblées tous les chrétiens lèvent les mains au ciel, et prient Dieu pour la puissance qui les gouverne : *Regem honorificate.* (J. Pet. II. 17.)

Si toutefois on joint l'instruction à la prière, il est de la prudence du magistrat d'y faire surveiller les orateurs chrétiens, pour empêcher que par quelque passion turbulente ils n'annoncent au peuple la parole de l'homme, au lieu de la parole de Dieu.

Pour se faire une juste idée de ce qui est de discipline intérieure réservée exclusivement au pouvoir de l'Eglise, il est bon de se reporter aux premiers temps du christianisme, avant que Clovis se fît chrétien (en 481); jusqu'alors toute la discipline de l'Eglise étoit intérieure, la religion n'ayant point encore l'autorisation du Prince pour se produire au dehors. Cet état des choses, qu'on appeloit *discipline secrète*, *disciplina secreti*, dura pendant plus de trois cents ans.

Saint Materne, disciple de Saint Pierre, étoit venu à Tongres près de Trèves, fonder l'Evêché qui est aujourd'hui celui de Liége. Saint Denis l'aréopagiste, fait Evêque de Paris, étoit mort pour la foi l'an 95 de Jésus-Christ sur le mont des Martyrs (Montmartre). Saint Lazare, ce mort célèbre, que Jesus-Christ avoit ressuscité, étoit venu remplir la chaire de Marseille. Saint Irénée, quelque temps après, avoit fondé le siége de Lyon ; Saint Piat, celui de Tournay. L'Evêque *supérieur* avoit été installé à Bavay, en Haynaut, ville célèbre sous les Romains, et encore de nos jours, par les fouilles d'antiques qu'on y a faites. Tous ces Evêques de premiers temps, et leurs successeurs, jusqu'à la fin du cinquième siècle, sous les Rois païens, n'ont pu se gouverner dans les Gaules que par la discipline intérieure. Il en fut autrement après que les Rois païens furent convertis au christianisme ; il y eut alors un régime extérieur que le Prince établit : l'autorité a quelquefois laissé ce régime dans les mains de l'Eglise ; mais l'autorité reprend ses droits quand il lui plaît, et elle doit le faire pour le bon ordre public, toutes les fois que l'exige l'intérêt de l'Etat.

S'il arrive qu'un royaume se sépare de l'Eglise de Rome, les Chrétiens sont de nouveau réduits (comme anciennement sous les Empereurs païens) à la discipline intérieure, et même secrète, quand la religion catholique n'est pas tolérée. La discipline extérieure ne tient donc point à l'essence de la religion, car on a même pu remarquer dans l'histoire que les catholiques romains qui ont vécu sous des Monarques protestans ou mahométans, ont montré plus de ferveur dans leur charité et plus de fermeté dans leur foi, que lorsqu'ils vivoient auparavant sous les Rois unis à la cour de Rome. Il n'y a peut-être pas, dans tout l'univers, de meilleurs chrétiens que dans la Géorgie Arménienne, où ils sont, depuis douze siècles, entourés des mahométans leurs cruels ennemis.

Enfin, soit que le Gouvernement Français laisse aux Evêques le Gouvernement *extérieur* de l'Eglise, soit qu'il en retire une partie, soit qu'il l'exerce en entier, il est toujours d'accord avec la *discipline intérieure*, qui est la seule dont il soit parlé dans les Livres Saints (*Actes des Apôtres*, chap. 20, vers. 28). Jésus-Christ a placé les Evêques à la tête du troupeau, dit Saint Paul, pour gouverner l'Eglise : *Attendite vobis et universo gregi in quo vos posuit episcopos regere Ecclesiam Dei*. Il s'agit donc du troupeau, c'est-à-dire des fidèles considérés comme chrétiens, et non sous leurs rapports politiques : ce texte ne peut donc se rapporter qu'à la discipline intérieure ; la discipline extérieure est du ressort du Prince, qui en cède ce qu'il lui plaît, et quand il lui plaît, selon sa prudence, mais toujours de manière à ne point entraver la marche de l'ordre public ; car le même Evangile qui dit aux Evêques de gouverner le troupeau, leur dit d'obéir aux lois, sous peine de *damnation éternelle*. En un mot, s'il est de foi que l'Eglise a le pouvoir de se gouverner, il est aussi de foi : 1.º Qu'il y a deux puissances établies par Jésus-Christ, la spirituelle et la temporelle ; 2.º qu'aucune des deux n'a le droit d'empiéter sur l'autre ; 3.º que la nature des objets respectifs en fait la limite : en sorte que lorsque la puissance spirituelle s'ingère dans les choses temporelles, elle ne le fait point en vertu du pouvoir qu'elle a reçu de Jésus-Christ, mais précairement, par commission, ou d'après l'invitation de la puissance temporelle, qui se décharge sur elle de certains soins, et ce, pour, en tant, et aussi long-temps qu'il lui plaira de ne point s'en occuper elle-même. C'est ainsi que le Patriarche des Arméniens reçoit un diplôme des deux Empereurs, de Perse et de Turquie, pour gouverner *civilement* les Chrétiens de quatre-vingt-trois mille communes, dont le gouvernement spirituel lui est confié par les lois de l'Evangile.

Craindroit-on une diversité de discipline extérieure dans divers royaumes? Cette diversité ne porta aucune atteinte à la religion, dans l'ancien régime; on faisait *gras* au carême dans la moitié des villes de Valenciennes et de Tournay, et *maigre* dans l'autre, parce que ces deux villes étoient traversées par l'Escaut qui séparoit deux diocèses. On n'a pas oublié non plus qu'il y avoit en France divers catéchismes, divers bréviaires et divers chants : cela faisoit-il brèche à la foi de nos pères? Il importe de bien faire comprendre au peuple, que le gouvernement extérieur de l'Église appartient au Prince, et qu'il est tellement libre de l'exercer par lui-même quand il veut, que dans les premiers temps on donnoit aux Rois chrétiens le nom *d'Évêques extérieurs*. Que l'autorité civile ait réglé la discipline de l'Église toutes les fois qu'elle a jugé à propos de s'en occuper elle-même, ce point de fait ne peut être révoqué en doute ; et lorsque l'Empereur Napoléon a exercé ce droit, sa sagesse a montré qu'il n'avoit pour but que l'intérêt de la Religion. C'est ainsi qu'il a rapporté la loi qui exigeoit vingt-cinq ans pour être admis à la prêtrise, et qu'il a réduit l'âge de la prêtrise à vingt-deux ans, par son décret du 28 février 1810, en le motivant sur le manque de prêtres.

Dans l'Arménie, la liturgie est en langue vulgaire. Les Pasteurs sont choisis parmi les pères de famille les plus instruits, les mieux famés, et jamais avant l'âge de trente-trois ans. Par cela même, il n'y manque point de prêtres, et nulle part ils ne sont plus révérés.

Ce seroit une grande erreur de conclure de ce que le dogme est uniforme, que la discipline doit être partout la même : le dogme est uniforme, parce qu'il nous vient de Dieu, et que l'Être éternel et immuable prévoit tout ; mais l'homme qui de sa nature est changeant, et qui d'ailleurs est soumis à différentes influences extérieures, ainsi qu'à divers gouvernemens dans les diverses régions du globe, ne peut avoir partout, dans sa religion, le même gouvernement extérieur.

La Cour de Rome elle-même a reconnu ce principe par la conduite qu'elle a tenue au Concile de Florence, en 1439, envers les trois fameuses

Eglises d'Orient. Les Arméniens, les Grecs et les Cophtes vinrent se réunir à ce Concile par la même profession de foi sur le dogme ; le Concile ne leur parla aucunement de leur discipline, chacun conserva la sienne. Le Pape ne leur parla point de leurs lettres d'institution, pour y substituer ses Bulles de confirmation, dont il paroît si jaloux dans notre France et dans toute l'Eglise latine. Le Concile laissa aux Evêques des trois Eglises orientales leur usage universel et constant depuis les temps apostoliques, d'être consacrés par leur métropolitain immédiatement après leur nomination. Leur profession de foi faite au Concile assemblé tint lieu de leur union avec le Saint-Siége, sans qu'il fallût y ajouter aucune autre formalité extérieure.

Ainsi les Arméniens, les Grecs et les Cophtes reportèrent chacun leur discipline dans leurs Eglises respectives. Il sera toujours facile de s'entendre si l'on distingue avec sagesse et prudence ce qui est de foi d'avec ce qui est de discipline, ce qui vient de Dieu d'avec ce qui vient des hommes, ce qui est invariable d'avec ce qui peut et doit changer suivant les circonstances, ce qui est du ressort du prêtre et ce qui est du ressort du Prince.

En maintenant les droits du trône sur la discipline *extérieure* de l'Église, l'Empereur n'entend pas toucher à la discipline *intérieure*. Sa Majesté elle-même a distingué ces deux disciplines dans son décret du 28 février 1810, en ordonnant « que les » brefs de la Pénitencerie, pour le for intérieur, » pourront être exécutés sans aucune autorisa- » tion ». C'est donc à la cour de Rome à imiter cet exemple en remettant de son côté, dans les mains de ce Prince magnanime, toutes les parties de la discipline extérieure dont il voudra se charger par lui-même.

L'Eglise de Jésus - Christ doit nécessairement avoir un mode de gouvernement qui y main- tienne l'édification et la tranquillité : ce gouver- nement ne peut être qu'intérieur, puisque son objet est entièrement spirituel et céleste. Ainsi, ces paroles de Saint Paul aux Evêques assemblés dans la ville de Milet : *Prenez - garde à vous- mêmes et à tout le troupeau sur lequel le Saint Esprit vous a établis Evêques pour gouver- ner l'Eglise de Dieu,* doivent s'entendre comme s'il leur avoit tenu ce langage : Que votre gouver- nement soit analogue aux choses du Ciel; vous n'avez point à traiter des choses de ce monde; les Princes ont leur attribution et vous avez la vôtre; ils gouvernent pour le temps, et vous pour l'éternité. Comme auteur de l'ordre et de la paix, Dieu ne peut autoriser le désordre entre les deux puissances qu'il a établies et visiblement distinguées. La puissance des Rois est aussi une puissance divine, car c'est par lui que les Rois règnent. Si les Princes qui se convertiront à l'Evangile veulent vous charger du bon ordre *extérieur* de la société chrétienne, n'acceptez ce devoir qu'à regret, comme peu propres à le remplir; car votre ministère ne doit agir que par la persuasion, la prière et la charité; au lieu que les Princes que j'ai investis de la domination, agissent par la force, la vindicte et le glaive. (*Per jus gladii et territorii.*)

Cette distinction eut lieu en effet dès l'instant que l'Eglise obtint une discipline *extérieure* sous le premier Empereur chrétien. Constantin - le-Grand commença par former les diocèses, et leur donna la même circonscription qu'aux provinces civiles, afin de mettre une édifiante conformité de gouvernement entre le Sacerdoce et l'Empire. C'est dans les mêmes vues de sagesse que Napoléon, lors du Concordat, en 1802, a réglé ces divisions locales de l'Eglise de France. Constantin étoit tellement convaincu que la discipline extérieure lui appartenoit comme prince temporel, qu'il dit un jour à plusieurs Evêques invités à sa table : *Vous êtes Evêques pour l'intérieur, je le suis pour l'extérieur.* Ce trait est rapporté par

Eusèbe. L'expression de Constantin étoit conforme à l'étymologie du mot *Evéque*, qui, en grec, veut dire *surveillant*. Cet Empereur ne cessa jamais d'user de ses droits ; il régla lui-même la liturgie et la prière ; il présida un Concile. Le même Eusèbe donnoit à Constantin le titre d'*Evêque universel*. Après lui, Saint Remi appeloit le grand Clovis, *l'Evêque extérieur de ses Etats*. La Cour de Rome a tenu constamment le même langage : on en peut juger par le *Pontifical romain*, imprimé par les ordres du Pape Clément VIII, et réimprimé sous Urbain VIII ; on y trouve les expressions suivantes, dans la cérémonie du couronnement d'un Roi, pag. 212. « Pre- » nez la couronne royale, dit l'Evêque d'office, » et sachez que par elle vous *partagez les fonc-* » *tions de notre ministère ;* en sorte que, comme » nous dirigeons les Chrétiens à l'*intérieur,* vous » les dirigerez, vous, à l'*extérieur*..... Que par » cette couronne, ornée par vos mains du bril- » lant de toutes les vertus, vous soyez éternelle- » ment glorieux dans le Ciel avec notre Sauveur » Jésus-Christ, *dont vous êtes le Vicaire comme* » *nous sur la terre.* » « *Accipe coronam regni,* » *et per hanc te participem ministerii nostri* » *non ignores. Ità ut sicut nos* in interioribus » *Pastores rectoresque animarum intelligimur,* » *ità et tu* in exterioribus *verus Dei cultor et*

» *Christi defensor assistas. . . . . . ut virtutum*
» *gemmis ornatus et prœmio sempiternœ feli-*
» *citatis coronatus, cum Salvatore nostro Je-*
» *su-Christo, cujus vicem gestare crederis, sine*
» *fine glorieris* ». (Pontifical romain, dans la cérémonie du sacre d'un Roi, pag. 212.) Ces mêmes
paroles sont répétées page 231, au couronnement
d'une Reine.

Il n'est point étonnant, après cela, que les Princes des neuf premiers siècles aient convoqué les
huit premiers Conciles généraux, dont un fut
convoqué par l'Impératrice Irène, en 787 ; et que
Constantin ait présidé celui de Nicée, en 325,
comme l'Empereur des Français pourroit le faire
au dix - neuvième siècle, s'il le jugeoit nécessaire.

S'il arrivoit même que la Cour de Rome donnât
le nom de *Discipline intérieure* à ce qui n'est
que de *Discipline extérieure*, c'est au Prince qu'il
faudroit obéir, parce que le Prince n'a point de
supérieur visible sur la terre, en fait de discipline
extérieure, pas même un Concile œcuménique.
Ainsi, aucune autorité sur la terre ne pouvant
réformer le jugement du Prince, et l'obéissance
étant indispensable au maintien de l'ordre social,
le droit de se faire obéir est exclusivement dé-
volu au Prince, par une suite même du droit
divin qui a fondé la puissance des Rois, et su-

bordonné l'Eglise à l'Etat, dans tout ce qui ne tient point à la Foi. C'est d'après ces principes que le Concile de Trente n'a jamais été publié en France : il en seroit de même, *du moins provisoirement,* s'il s'agissoit d'un point qui intéressât le dogme, et que l'autorité civile placeroit parmi les lois de discipline. Dans ce cas, il faudroit encore obéir au Souverain, jusqu'à ce que l'Eglise universelle, assemblée ou dispersée, eût décidé que l'objet en litige concerne la Foi.

Les Princes chrétiens sont-ils obligés de promulguer, dans leurs Etats, les décrets ou décisions d'un Concile général? Je réponds avec sécurité qu'aucune loi, ni divine, ni humaine, ne les y oblige; seulement l'amour du bien les y invite, dans le cas où ces lois n'ont rien de contraire à celles de leurs Etats.

En vain, pendant cinquante-deux ans, depuis 1563 jusqu'en 1615, dix Papes ont demandé que le Concile de Trente fût publié en France; cinq Rois différens ont constamment opposé le même refus, et jamais non plus, sous les règnes suivans, ce Concile n'a été publié. Les décisions réglementaires de ce Concile (tout universel qu'il ait été) violoient les droits du trône français à un tel point, qu'un courtisan dit un jour à un de nos Rois : Sire, si vous acceptez par votre signature le Concile de Trente, vous perdrez, en écrivant les cinq lettres de votre nom, plus d'autorité en un seul jour, que vous ne pourriez en acquérir par dix campagnes de la guerre la plus heureuse. Les autres royaumes d'Europe n'ont accepté ce même Concile qu'avec beaucoup de modifications : cet exemple prouve donc sans réplique, que ni les Papes, ni les Conciles ne peuvent faire des lois préjudiciables aux potentats.

Ce sage refus de nos Rois n'a point empêché que Rome ne les ait toujours qualifiés de *Rois Très-Chrétiens* et de *Fils aînés de l'Eglise*, parce qu'ils n'ont jamais cessé, non plus qu'aujourd'hui, d'être en tout parfaitement d'accord avec l'Evangile. Il faut savoir, au sujet du Concile de Trente, que ses décrets portoient séparément sur trois objets : 1.º sur le Dogme; 2.º sur la Discipline intérieure; 3.º sur la Discipline extérieure. Or, 1.º le Gouvernement Français a pu refuser de publier la partie dogmatique, par la raison que les choses de foi n'ont pas besoin de promulgation légale; 2.º il a pu refuser de publier les Règlemens intérieurs, parce que la Discipline intérieure n'a ni contact ni rapport avec un Gouvernement politique : elle est considérée par l'Etat comme si le culte s'exerçoit secrètement; 3.º il a dû refuser de publier la Discipline extérieure, parce que c'est à lui seul à la régler, à moins qu'il ne veuille laisser ce soin à l'Eglise. Il n'y a point sur cette matière d'objet mixte, comme l'ont prétendu quelques théologiens. Un objet mixte suppose que l'Etat a intérêt à cet objet. Or, par cela seul que l'ordre public est intéressé dans une question, l'autorité temporelle a seule le droit de prononcer sur la totalité de cette même question, sans quoi elle seroit dominée par une autre puissance. Son autorité n'admet et ne peut admettre aucun partage, il ne peut y avoir un Etat dans l'Etat; l'ordre social seroit bouleversé si l'on admettoit d'autres principes; en un mot, il seroit monstrueux d'avoir deux pouvoirs dans un empire. L'Eglise d'ailleurs est ici sans intérêt, puisque les prétendus objets mixtes, dont les canonistes parlent, n'ont rien qui soit de dogme et qui soit nécessaire au salut.

Au lieu de publier le Concile de Trente, Henri III, en 1577, fit lui-même les règlemens qu'il inséra dans l'ordonnance de Blois, en 64 articles, sous le titre de l'*État Ecclésiastique*.

Si je parais annoncer une chose nouvelle en disant que les vérités de la foi, pour être obligatoires, n'ont pas besoin d'être promulguées par une forme juridique, c'est qu'on n'a jamais assez considéré la différence qu'il y a entre les lois divines et les lois humaines. On peut chaque jour, tant que l'on veut, multiplier celles-ci ; au lieu que depuis dix-huit siècles de leur institution évangélique, on ne peut rien ajouter à celles-là, selon l'axiome théologique : *Fides non crescit;* la Foi ne souffre point d'accroissement.

Lors donc qu'un Concile général prononce qu'une telle vérité est de foi, il ne fonde point une foi nouvelle, car elle existoit depuis les Apôtres : il *déclare* seulement que telle vérité a été vraiment révélée par Jésus-Christ; il en donne avis, et cet avis suffit à un chrétien pour qu'il soit tenu de la comprendre dans le cercle de sa croyance. Les articles de foi compris dans le Concile de Trente, en 1563, avoient été promulgués avec la loi de l'Evangile quinze cents ans avant la tenue de cette assemblée. Ceux de ces articles qui avant le Concile n'avoient été que de foi *implicite*, parce qu'ils n'avoient jamais été compris dans aucun autre Concile, sont devenus, par sa déclaration, de foi *explicite*. Il n'en est pas ainsi des lois d'un souverain : étant toujours et en tout *nouvellement instituées*, c'est leur promulgation qui impose le devoir de s'y soumettre : *Leges conduntur, dùm promulgantur.*

Un trait d'histoire, tiré des Mémoires recens sur la Chine, par M. Amiot, missionnaire, va ré-

pandre une nouvelle clarté sur la discipline ecclésiastique. Il raconte la mort malheureusement
précoce d'un Prince chinois, qui vouloit embras-
ser la religion chrétienne, et la rendre publique
quand il seroit monté sur le trône ; mais il y
mettoit des conditions. Il consentoit à ne point
s'immiscer dans le dogme ni dans la discipline
intérieure, parce que ces deux objets n'ont aucun
contact avec le bon ordre public ; mais il ne vouloit ni partager, ni confier son pouvoir souverain :
il vouloit faire par lui-même toutes les lois sur la
discipline *extérieure*, pour mettre ces lois d'accord avec l'ordre social dans son empire. Il auroit
fait, par ses agens, la circonscription des Évêchés
et des Paroisses. Il craignoit que s'il confioit ce
soin à l'Eglise, il ne vînt dans la suite un temps
où il ne fût plus le maître de régler ces choses, ce
qui amèneroit des troubles pareils à ceux qu'il avoit
appris être survenus en Europe. Ce que ce Prince
vouloit faire en Asie, tous les Princes chrétiens
peuvent le faire en rentrant dans leurs droits.

La Chine elle-même a éprouvé que les craintes
de ce Prince pieux étoient fondées ; car divers
journaux nous ont appris, il y a cinq ans, que l'article de la *Juridiction* a menacé la tranquillité
de l'Empire Chinois, au point que l'Empereur re-
gardant les prêtres comme des perturbateurs du

repos public, en a fait emprisonner plusieurs, et a menacé du dernier supplice les missionnaires, répandus dans ses États : heureusement, dit-on, l'orage s'est calmé. Il s'agissoit, dans ces tristes querelles, du partage du pouvoir des missionnaires et de l'étendue territoriale de leur juridiction.

Ce trait d'Histoire de la Chine est consigné (page 79, avant-dernière livraison de 1806), dans le journal intitulé *Annales Catholiques*. Ce journal traite de persécution la conduite de l'Empereur de la Chine : ce mot *persécution* est ici bien mal employé. Qui oseroit soutenir que les limites des Diocèses soient d'institution divine ?

FIN.

De l'Imprimerie de FAIN, rue St.-Hyacinthe-St.-Michel, N.º 25.

www.ingramcontent.com/pod-product-compliance
Ingram Content Group UK Ltd.
Pitfield, Milton Keynes, MK11 3LW, UK
UKHW022116070726
13613UKWH00003B/1109